MASLOW'S HIËRARCHIE VAN BEHOEFTEN

BELANGRIJKE INFORMATIE

- **Naam:** Maslow's Pyramide van behoeften.

- **Toepassingen:** psychologie en sociale wetenschappen (voor het categoriseren en prioriteren van individuele behoeften), marketing en management.

- **Waarom is het succesvol?** Het is een dynamische visuele weergave van behoeften, met inbegrip van zowel fysiologische als spirituele aspecten.

- **Trefwoorden:** psychologie, behoeften, Maslow, piramide.

INLEIDING

Economische wetenschap is de toewijzing van beperkte middelen volgens de oneindige behoeften, motivaties en verwachtingen van individuen. Maar hoe definieer je behoeften? Dat is wat deze piramide, ontwikkeld door de Amerikaanse psycholoog Abraham Harold Maslow (1908-1970), probeert te doen.

Geschiedenis

Vanaf de jaren veertig introduceerde Maslow, samen met Carl Rogers (psycholoog, 1902-1987), een nieuwe benadering van de humanistische psychologie. In zijn werk bestudeerde Maslow de structuur van menselijke behoeften. Zijn lezers en aanhangers hebben later zijn stellingen geformaliseerd in de vorm van een piramide.

Er zijn vijf niveaus van behoeften:

- fysiologische behoeften
- veiligheidsbehoeften
- behoefte aan erkenning
- behoefte aan waardering
- behoefte aan zelfrealisatie.

Elk van deze categorieën komt overeen met menselijke activiteiten. Dit model is veel gebruikt in de economie en in het bedrijfsleven, met name in marketing en management. Aan het eind van deze studie zullen we zien hoe de economische sector het model gebruikt met een voorbeeld uit de voedingsindustrie.

Definitie van het model

De behoeftepiramide, ook wel piramide van Maslow genoemd, biedt een model om de behoeften van de mens te definiëren, van de meest elementaire functies (eten, slapen, enz.) tot de meer bevredigende (zelfverbetering, kunst- of sportbeoefening, enz.). Maslow was een

psycholoog, maar zijn model, samengevat in een piramide, is gebruikt in de economie en het bedrijfsleven.
Het biedt een eenvoudige en doeltreffende manier om
verschillende behoeften te identificeren, zolang zij als
één geheel worden beschouwd en niet als opeenvolgende stadia.

THEORIE

Micro-economie gaat natuurlijk over de voorwaarden die leiden tot uitwisseling op de markt. De piramide van Maslow staat voor deze conclusies, precies bij de oorsprong van de vraag: behoeften.

DE VIJF NIVEAUS VAN BEHOEFTEN

Niveau per niveau brengt Maslow verschillende menselijke behoeften samen. Hij spreekt niet direct van een piramidevorm, maar van een hiërarchie van belangrijkheid: zodra een familie is bevredigd, verschijnen onmiddellijk andere behoeften. Aangezien de behoeftehiërarchie van Maslow meerdere gebieden bestrijkt, waaronder persoonlijke ontwikkeling, is het nuttig de termen te gebruiken die de auteur zelf gebruikt om de essentie van het concept te begrijpen.

- Het eerste niveau is dat van de **fysiologische behoeften**. Eten, drinken, slapen, ademen, enz. zijn allemaal functies die verband houden met individuele overleving. Aangezien dit basale, vitale behoeften zijn, zijn zij uiteraard het belangrijkst: zij overtreffen zeker de behoeften aan veiligheid, achting, enz.

- Vervolgens de **veiligheidsbehoeften**. U denkt misschien meteen aan fysieke integriteit, maar daartoe beperkt zich deze categorie niet – ook bescherming tegen diefstal en beschadiging vallen hieronder. Maslow stelt dat veiligheidsbehoeften ertoe leiden dat mensen het vertrouwde verkiezen boven het onbekende.

- Wanneer aan deze twee soorten behoeften is voldaan, verschijnen de behoeften die verband houden met liefde, genegenheid of sociale betrekkingen (de **behoefte om erbij te horen**). Deze derde categorie houdt rekening met de sociale aard van de mens.

- Dit leidt tot het vierde niveau van de piramide, namelijk de **behoefte aan achting of erkenning**. Deze categorie verwijst naar de behoeften in verband met status, werk, macht en geld die ons in de samenleving bepalen.

- Tenslotte staat aan de top van de piramide de **behoefte aan persoonlijke verwezenlijking**. Terwijl de behoeften van de lagere niveaus afhangen van de perceptie van anderen, houden de behoeften aan de top van de piramide verband met de ontwikkeling van de persoonlijkheid van het individu. Volgens Maslow kunnen deze behoeften elke vorm aannemen, zolang zij maar overeenstemmen met de individuele verlangens van de persoon. Met andere woorden, als ik bijvoorbeeld dokter wil worden, verschijnt automatisch een behoefte die verband houdt met het worden van dokter, zoals de behoefte om te weten hoe het menselijk lichaam werkt.

In de theorie van Maslow moet je de behoeften van elk niveau bevredigen, voordat je naar het volgende gaat. Zou iemand vrezen voor de veiligheid van zijn bezittingen als hij niets te eten had? Zou iemand geven om zijn sociale connecties terwijl hij wordt aangevallen door een groep plunderaars? Wat heb je aan erkenning van anderen zonder opgenomen te zijn in een sociale groep? En hoe voldaan kan iemand zich voelen zonder een goed gevoel van eigenwaarde? Dit is dus een dynamisch model, geen strikt hiërarchische voorstelling.

Maslow relativeert de individuele ontwikkeling en gaat ervan uit dat individuen altijd een goede levenskwaliteit nastreven. In werkelijkheid zijn de behoeften niet voor iedereen gelijk en variëren zij ook in de tijd. Bovendien kunnen andere soorten behoeften naar voren komen met een verschillend belang, afhankelijk van de mensen en de omstandigheden, en naast de in de piramide vertegenwoordigde behoeften bestaan.

BEHOEFTEN: VAN ECONOMIE TOT MARKETING

In vergelijking met de vele behoeften in verband met sociale relaties en mensen lijkt de behoefte aan beschikbare goederen zeer beperkt. De economische redenering is echter meer geïnteresseerd in het nut – d.w.z. de functie van een extra eenheid van een product voor de consument – dan in de behoefte, zonder de goederen zelf prioriteit te geven.

De analyse van de behoeften heeft meer betrekking op marketing en management. Behoeften worden meestal bestudeerd op het niveau van de onderneming en haar marktpositionering. Psychologen zijn het erover eens dat existentiële en basisbehoeften relatief beperkt zijn, maar er is altijd een behoefte - gezien als een gebrek of een verlangen - aan het product door de consument.

Marketeers zijn zich hiervan bewust en verwijzen voortdurend naar de beroemde piramide van Maslow. Een product of dienst in de piramide plaatsen brengt ons ertoe lanceringsstrategieën te overwegen en te ontwikkelen die soms zeer uiteenlopend zijn. We zouden bijvoorbeeld een basisproduct niet op de markt brengen als een technologisch hoogstandje. Een product of dienst kan ook verschillende niveaus van behoeften vervullen; de boodschap moet dan worden aangepast aan de beoogde consumenten.

BEPERKINGEN EN UITBREIDINGEN

BEPERKINGEN EN KRITIEK

Zoals alle klassieke theorieën in de sociale wetenschappen is de behoeftepiramide onderwerp geweest van kritische interpretatie. Verschillende zwakke punten van het model worden belicht, hoewel sommige tegenstrijdig zijn:

- **Het gebrek aan nuance in de hiërarchie van behoeften.** Sommige natuurlijke functies zijn belangrijker dan andere. Je kunt meerdere dagen zonder eten, maar je kunt slechts enkele minuten stoppen met ademen.

- **De twijfelachtige hiërarchie.** Het houdt geen rekening met het feit dat mensen sociale wezens zijn. Kan de behoefte om te eten echt boven het onderhouden van menselijke relaties of zelfverbetering worden geplaatst? Zonder voedsel kan een mens niet overleven. Zonder voldoende interactie met anderen, zal de mentale toestand van een persoon verslechteren, en hem tot waanzin of zelfs zelfmoord drijven.

- **Het etnocentrisme van het model.** Alle studies werden uitgevoerd op westerse bevolkingsgroepen, wat leidt tot een benadering die alleen van toepassing is op rijke, ontwikkelde beschavingen.

Met uitzondering van dit laatste punt, slaat de kritiek in verband met het ontbreken of het teveel aan hiërarchie eigenlijk meer op de toepassingen die voor de theorie van Maslow zijn ontwikkeld dan op de theorie zelf. De piramidevorm komt namelijk niet voor in het werk van Maslow en verbergt de dynamische beweging die hij voor ogen had tussen de verschillende behoeften.

Het marginale gebruik in openbare diensten

Het gebruik van de piramide van Maslow in de economie blijft vrij beperkt. Het is onmogelijk om de definitie van prijzen afhankelijk van het niveau van behoefte te analyseren. De toepassing heeft meer te maken met het marginale nut van een goed (zoals de economen Léon Walras (1834-1910), William Stanley Jevons (1835-1882) en Carl Menger (1840-1921) in de 19e eeuw hebben aangetoond), namelijk de bevrediging die een extra eenheid oplevert, dan met het niveau ervan in de piramide van Maslow.

Vergeet niet dat de piramide van Maslow geen classificatie is van alle behoeften en verlangens van economische actoren, maar een model van menselijke vervulling in vijf stappen. Zo bekeken kan deze piramide dienen als ondersteuning voor de interventies van overheidsactoren in de economie: regulering van de voedselproductie en bescherming van de luchtkwaliteit (fysiologische behoeften), handhaving van de openbare orde (veiligheidsbehoeften), zorgen voor de socialisatie van kinderen, met name op school (liefde en saamhorigheid), enz. Het is moeilijker om na te denken over een antwoord op de bovenste twee niveaus van de piramide. Openbare omroep, hoger onderwijs en investeringen in cultuur kunnen misschien worden opgevat als collectieve antwoorden op de behoeften aan zelfontplooiing en erkenning door anderen.

VERWANTE MODELLEN EN UITBREIDINGEN

Henderson's theorie van de behoeften

Er zijn andere modellen voorgesteld, waaronder het model van Virginia Henderson (Amerikaanse verpleegster, 1897-1996), dat 14 behoeften aangeeft in een raster. Dit model wordt veel gebruikt in de medische wereld. Toch is de aanvullende bijdrage van dit model niet duidelijk. Alle geïdentificeerde categorieën vallen in de vijf grote categorieën van de piramide van Maslow. En als de beperkingen van dit model onmiddellijk duidelijk zijn, is het moeilijk deze nieuwe indeling te rechtvaardigen.

ERG-theorie

In 1969 presenteerde de Amerikaanse psycholoog Clayton Alderfer (geboren in 1940) de ERG-theorie (Existence, Relatedness and Growth), die eigenlijk een beknoptere versie is van de piramide van Maslow. In plaats van vijf niveaus onderscheidt de ERG-theorie er drie: bestaansbehoeften (voedsel, kleding, veiligheid, enz.), verwantschapsbehoeften (verbondenheid met andere individuen) en groeibehoeften (ontwikkeling, creativiteit, levenszin, zelfrespect, enz.). Alderfer was er niet op uit om de categorieën van Maslow opnieuw

vorm te geven. Voor hem moet een individu tegelijker-
tijd aan deze behoeften voldoen, niet één na één door de
niveaus van de piramide te beklimmen. Als de groeibehoeften niet worden bevredigd, zal dit gevolgen hebben
voor het sociale gedrag en de basisfuncties, zoals slapen en eten. Volgens de psycholoog is de dynamiek van
de behoeften uitgebreider dan in het model van Maslow.
Zijn model is vooral succesvol geweest op het gebied
van management en arbeidspsychologie.

PRAKTISCHE TOEPASSING

Zoals wij hebben gezien, heeft de piramide van Maslow zijn meest concrete economische toepassing in marketing. Het is niet verwonderlijk dat steeds meer modellen uit de psychologie worden gebruikt voor marketingdoeleinden, aangezien het concept van marketing gebaseerd is op het begrijpen van en anticiperen op het gedrag van de consument.

PRODUCTEN EN BEHOEFTEN

In plaats van vast te houden aan de indeling van elk product of dienst in een niveau van de piramide, is het beter te kijken naar welke operatie in de meeste behoeften kan voorzien.

Een product, een behoefte

De meest elementaire toepassing is het identificeren van het niveau van de piramide waar het product of de dienst die u op de markt wilt brengen zich bevindt: voedsel en basishygiëne horen op het onderste niveau, culturele producten bovenaan. Deze indeling lijkt uiterst rudimentair, maar is zinvol. Dit blijkt uit de organisatie van de schappen van de supermarkt, waar de producten zijn ingedeeld naar soort en gebruik.

De meest elementaire producten maken vaak deel uit van dit proces. Dit geldt vooral voor basisvoedingsmiddelen.

Pakjes pasta of aardappelen bestrijken alleen het eerste niveau van de piramide: ze zijn bedoeld om te voeden. Maar deze strategie alleen is zelden voldoende. Vergeet niet dat de piramide van Maslow dynamisch is, en dat een goede product- of dienstenlancering aan zoveel mogelijk behoeften moet voldoen.

Marketing met de piramide

Het ontwikkelen van een aanbod voor consumenten heeft alles te maken met het richten op alle niveaus van de piramide.

Om deze theorie volledig te begrijpen, moet u de behoeften in hun hedendaagse context definiëren. Nieuwe functies – die in de tijd van Maslow (20e eeuw) niet bestonden – zijn ontstaan in de maatschappij. Bijvoorbeeld, als iemand in de jaren 1950 verhuisde, ging hij niet zo snel of zo ver als vandaag: gezinnen waren dichter bij elkaar, en de woning lag meestal naast de werkplek. Naast vrijetijdsdoeleinden kan de behoefte om te reizen worden beschouwd als een fysiologische behoefte, omdat het iemand in staat stelt de kost te verdienen door naar zijn werk te gaan of zijn emotionele relaties te onderhouden door vrienden en familieleden te bezoeken.

De auto is een uitstekend voorbeeld van een strategie die evolueert binnen de piramide. De minst dure modellen beperken zich tot basisvoorzieningen, terwijl de duurdere modellen prestige en comfort combineren. In alle gevallen zijn bij dit type product verschillende niveaus van de piramide betrokken: de fysiologische behoefte om te reizen, de behoefte om voertuigen te vermijden die bekend staan als onbetrouwbaar, het behoren tot de gemeenschap van bestuurders wier auto's van één bepaald, bekend merk zijn, en (voor de meest geavanceerde modellen) de voldoening van het bezit van een duur, luxe goed.

Marketing probeert daarom een strategie op te zetten om de hogere niveaus van de piramide te bevredigen met producten die vooral aan het eerste niveau van behoeften lijken te voldoen. Het biedt ook een tegenovergestelde functie, hoewel dit moeilijker is. Wanneer een product of dienst bedoeld is voor zelfrespect of persoonlijkheidsontwikkeling, kan een merk zich richten op en de nadruk leggen op de fysiologische en veiligheidsaspecten van de aankoop om het grootste aantal consumenten aan te trekken om het product te kopen. Denk aan cosmetica, waar de branding schakelt tussen stralende schoonheid (vierde en vijfde niveau) en zelfzorg, het onderhouden van de huid en het lichaam, wat verwijst naar de fysiologische en veiligheidsbehoeften.

Marketing en de behoefte aan liefde en saamhorigheid

Hoe zit het met het derde niveau van de piramide? Het lijkt belachelijk om zich producten voor te stellen die in de behoefte aan liefde kunnen voorzien. Maslow plaatst in deze categorie de banden van vriendschap of liefde, die moeilijk te bevredigen zijn op de markt (hoewel het succes van datingsites aantoont dat er een plaats is voor tussenpersonen ter zake), evenals het lidmaatschap van sociale groepen.

Reeds lang speelt marketing in op het prestige van een product om de consument ertoe aan te zetten het te kopen. De socioloog en econoom Thorstein Veblen (1857-1929) had aan het eind van de [19e] eeuw een vooroordeel vastgesteld in het model van de homo economicus.

 EXTRA INFORMATIE: HOMO ECONOMICUS

Het concept van de economische mens, homo economicus in het Latijn, geeft het theoretische gedrag van de mens weer. Op basis van deze abstracte voorstelling denken theoretici op verschillende gebieden na over mogelijke interacties tussen de hier afgebeelde mens en de concepten die zij ontwikkelen.

Natuurlijk maximaliseren we het nut van wat we kopen, maar imitatie en zelfs snobisme ontbreken niet in onze beslissingen. Deze analyse ligt in het verlengde van het door de Franse socioloog Pierre Bourdieu (1930-2002) ontwikkelde concept: onze sociale praktijken, en dus onze aankopen, beantwoorden vaak aan de wens om ons te onderscheiden van onze gelijken door de praktijken van hogere sociale klassen te imiteren. Door een product te kopen (een auto, parfum, enz.) kan een consument ook zijn behoefte aan sociale erkenning bevredigen.

Hoewel dit geen nieuwe trend is, is deze bijzonder sterk bij de ontwikkeling van meervoudige identiteiten en gemeenschapsbanden, die worden ondersteund, zo niet geïnitieerd, door informatie- en communicatietechnologie, met name sociale netwerken. Sommige merken spelen perfect in op het saamhorigheidsgevoel dat het bezit van een product met zich meebrengt. Denk maar aan de manier waarop Apple sinds de jaren 80 een gebruikersgemeenschap heeft gecreëerd: beginnend met de microkosmos van grafisch ontwerpers en professionals uit de beeldwereld, is deze gemeenschap, waarvan veel gebruikers zichzelf als lid beschouwen, exponentieel gegroeid dankzij de massamarkt en de marketing van zijn paradepaardjes (iPhone, iPad, enz.). Ook Facebook, Twitter en alle andere sociale netwerken maken gebruik van deze strategie en bouwen voort op het saamhorigheidsgevoel, dat in dit geval de kern vormt van hun bedrijfsmodel, met het voordeel van gratis reclame.

CASUS – DE LEVENSMIDDELENINDUSTRIE

Laten we tot slot een economische sector nader bekijken: de voedingsmiddelenindustrie. Deze sector is bijzonder goed ontworpen om aan alle niveaus van de piramide te voldoen en meer innovatieve producten te blijven ontwikkelen.

Voedsel om te voeden

Natuurlijk voorziet de levensmiddelenindustrie in een fysiologische behoefte: de behoefte om te eten. Het is niet nodig bij dit aspect stil te staan, behalve om te benadrukken dat de waarde van een industriële sector beperkt blijft als hij slechts aan één strikte behoefte voldoet. Om te kunnen groeien heeft de waardeketen ook veel andere doeleinden opgenomen dan alleen het stillen van de honger.

Voedsel voor bescherming

Ook de levensmiddelenindustrie is gebouwd op veiligheid. Door de regelgeving voor de vervaardiging van producten is de industrie verplicht meer gecertificeerd voedsel aan te bieden dan de oude ambachtelijke producenten (er zij echter op gewezen dat dit argument geldig was ten tijde van de ontwikkeling, maar nu zijn ambachtelijke producten ook onderworpen aan strenge hygiënische normen). Ooit liepen veel gezinnen bij thuisconsumptie het risico van botulisme (een soort voedselvergiftiging met ernstige gevolgen), wat bij industriële conserven niet het geval was.

Tegenwoordig is er een tweede niveau van veiligheid bijgekomen, aangezien fabrikanten hebben geïnvesteerd in de niche van "functionele voedingsmiddelen", ook bekend als nutraceutica. Cholesterolverlagende margarine, verrijkte melk (die de groei van kinderen bevordert), granen die de spijsvertering bevorderen of mineraalwater dat het immuunsysteem versterkt, hebben allemaal een hoge vlucht genomen in de supermarkten. Hun gezondheidsclaims worden ook steeds strenger gecontroleerd.

Eten voor de gezelligheid

Eten is, vooral in de westerse wereld, diep verankerd in onze cultuur. Een maaltijd is een bron van gezelligheid en een moment om te delen. Industriële leveranciers hebben uiteraard de gelegenheid aangegrepen om producten aan te bieden die aan deze behoefte aan saamhorigheid en sociale banden beantwoorden. Hier volgen drie voorbeelden die in deze categorie vallen:

- "traditionele" kant-en-klaarmaaltijden die beweren tradities te doen herleven en de consument dichter bij de culinaire identiteit van hun land te brengen;

- feestelijke en innovatieve producten als snacks of desserts die een zekere gezelligheid creëren;

- grote merken met verschillende producten voor verschillende doelmarkten, vooral die met producten rond de kindertijd, die generaties overschrijden en erop gericht zijn dat de smaak van voedingsmiddelen een gedeelde identiteit is voor iedereen die ze consumeert, waardoor continuïteit tussen ouders en kinderen ontstaat (Nutella, Haribo, Kinder, Banania, enz.).

De ontwikkeling van halal, koosjer en Aziatische afdelingen in supermarkten sluit ook aan bij de identiteitskant van voedsel en helpt immigrantenpopulaties om via hun voedselaankopen een band met hun autochtone cultuur te behouden.

Voedsel om waarden uit te drukken

Meer recentelijk heeft de voedingsindustrie zich bezig-gehouden met het vraagstuk van de waarden, ditmaal niet noodzakelijkerwijs in economische zin. Na de gelijktijdige verschijning van grote winkelketens en de industrialisering van levensmiddelen waren er veel vragen te beantwoorden. Bezorgdheid over GGO's, de gekkekoeienziektecrisis van de jaren negentig, gevolgd door het rundvleeshormonenconflict, opeenvolgende campagnes over overgewicht en een teveel aan suiker in ons voedsel hebben ertoe geleid dat de consument meer uitleg wil. Milieubewustzijn en de zoektocht naar onderscheidend vermogen in een geglobaliseerde wereld hebben deze verwachting versterkt.

Het is deze behoefte aan saamhorigheid en waarde die heeft geleid tot labels, namen en andere richtlijnen die zich door de voedingssector hebben verspreid. "Biologische landbouw", "eerlijke handel" en "regionale producten" zijn labels geworden die we voortdurend in de schappen zien liggen. Ze geven informatie over de kwaliteit of de oorsprong van het voedsel, samen met informatie over de productieomstandigheden. De domeinen zijn zeer ruim: vergoeding van de plaatselijke arbeiders, geen gebruik van pesticiden, respect voor oude culinaire tradities, enz. Iedereen is vrij om zijn favoriete producten te kiezen, zolang het etiket maar overeenstemt met zijn waarden.

Voedsel voor persoonlijke ontwikkeling

Ten slotte weerspiegelt voedsel – en dus de voedingsindustrie – ook het topniveau van de piramide, namelijk zelfverwerkelijking en persoonlijke ontplooiing.

Producten uit het topsegment, zoals grote oude wijnen, ambachtelijke koffie, fijne chocolade of zeldzame thee, brengen de consument meer in vervoering dan alleen het stillen van honger of dorst. Gastronomie, zo niet een kunst, is zeker een ambacht van uitmuntendheid dat voldoet aan de behoefte van de consument om iets te bereiken. Dit wordt zeker belichaamd door grote koks of bakkers, maar het heeft ook een uitlaatklep in de voedingsindustrie.

De consument de eenvoudige mogelijkheid bieden om een deel van het recept zelf uit te voeren, kan ook voldoen aan de behoefte aan prestatie. Daarom biedt de industrie kits aan voor het maken van pannenkoeken of cakes, en biedt zij ook tal van vooraf bereide producten om te helpen bij het bereiden van "zelfgemaakte gerechten", zodat de consument kan helpen bij het maken ervan en zo zijn creativiteit kan uiten.

SAMENVATTING

- De behoeftepiramide biedt een model van vijf niveaus die de menselijke behoeften categoriseren.

- Dit dynamische model beschrijft de vijf opeenvolgende stappen die nodig zijn voor de menselijke ontwikkeling: fysiologische behoeften, een gevoel van veiligheid, erkenning, eigenwaarde en verwezenlijking.

- Getheoretiseerd door de Amerikaanse psycholoog Abraham Maslow, werd het zelden gebruikt in de economie omdat het niets zegt over de concrete ontwikkeling van de vraag, d.w.z. het omzetten van een klantenwens in een aankoop.

- Hoewel de eenvoud ervan is bekritiseerd, is het nog steeds een sterk punt van het model. De piramide wordt veel gebruikt in de marketing, omdat de positionering van een product of dienst in de piramide, waarbij zo mogelijk wordt geprobeerd aan behoeften op verschillende niveaus te voldoen, leidt tot de ontwikkeling van een relevante strategie.

VERDER LEZEN

BIBLIOGRAFIE

Bouchiki, H., Cerdin, J-L., Dornier, P-P., Esnault, B., Le Nagard-Assayag, E. en Mottis, N. (2001) *Invitation au management*. Parijs: Presses universitaires de France.

Fenouillet, F. (Geen datum) Modèle hiérarchique des besoins. *De motivatie, een concept puzzel*. [Online]. [Geraadpleegd op 5 mei 2014]. Beschikbaar op: < http://www.lesmotivations.net/spip.php?article40>

Jacquemin, A., Tulkens, H. en Mercier, P. (2000) *Fondements d'économie politique*. [3rd uitgave]. Brussel: Universiteit Boeck.

Lambin, J.-J. en Moerloose, C. (2012) *Marketing stratégique et opérationnel*. [8th editie]. Parijs: DUNOD.

Maslow, A. (2003) *Devenir le meilleur de soi-même: besoins fondamentaux, motivations et personnalité*. Parijs: Eyrolles.

Mias, L. (Geen datum) Maslow, Henderson, soins. *Papidoc*. [Online]. [Geraadpleegd op 5 mei 2014]. Beschikbaar via: < http://papidoc.chic-cm.fr/573MaslowBesoins.html>

We horen graag van u! Laat
een reactie achter op jouw online bibliotheek
en deel je favoriete boeken op social media!

MASLOW'S HIERARCHY OF NEEDS
Gain vital insights into how to motivate people
Personal accomplishment
Esteem
Belonging
Security
Physiologic
THE SWOT ANALYSIS
Strengths
Weaknesses
SWOT
Opportunities
Threats
Internal factors
External factors

De uitgever garandeert de betrouwbaarheid van de gepubliceerde informatie, die echter niet onder zijn verantwoordelijkheid valt.

Master ISBN: 9782808063746
Papier ISBN: 9782808064033
Wettelijk depot: D/2022/12603/48

Digitaal ontwerp: Primento,
de digitale partner van uitgevers.